POURQUOI

LE

PROFESSEUR ROUAIS

A REMERCIÉ SES ÉLÈVES

ET N'ACCEPTE PLUS

CEUX QUI

LUI DEMANDENT DE LEÇONS DE VIOLON

NIMES

IMPRIMERIE ROGER ET LAPORTE

5, place Saint Paul, 5

1880

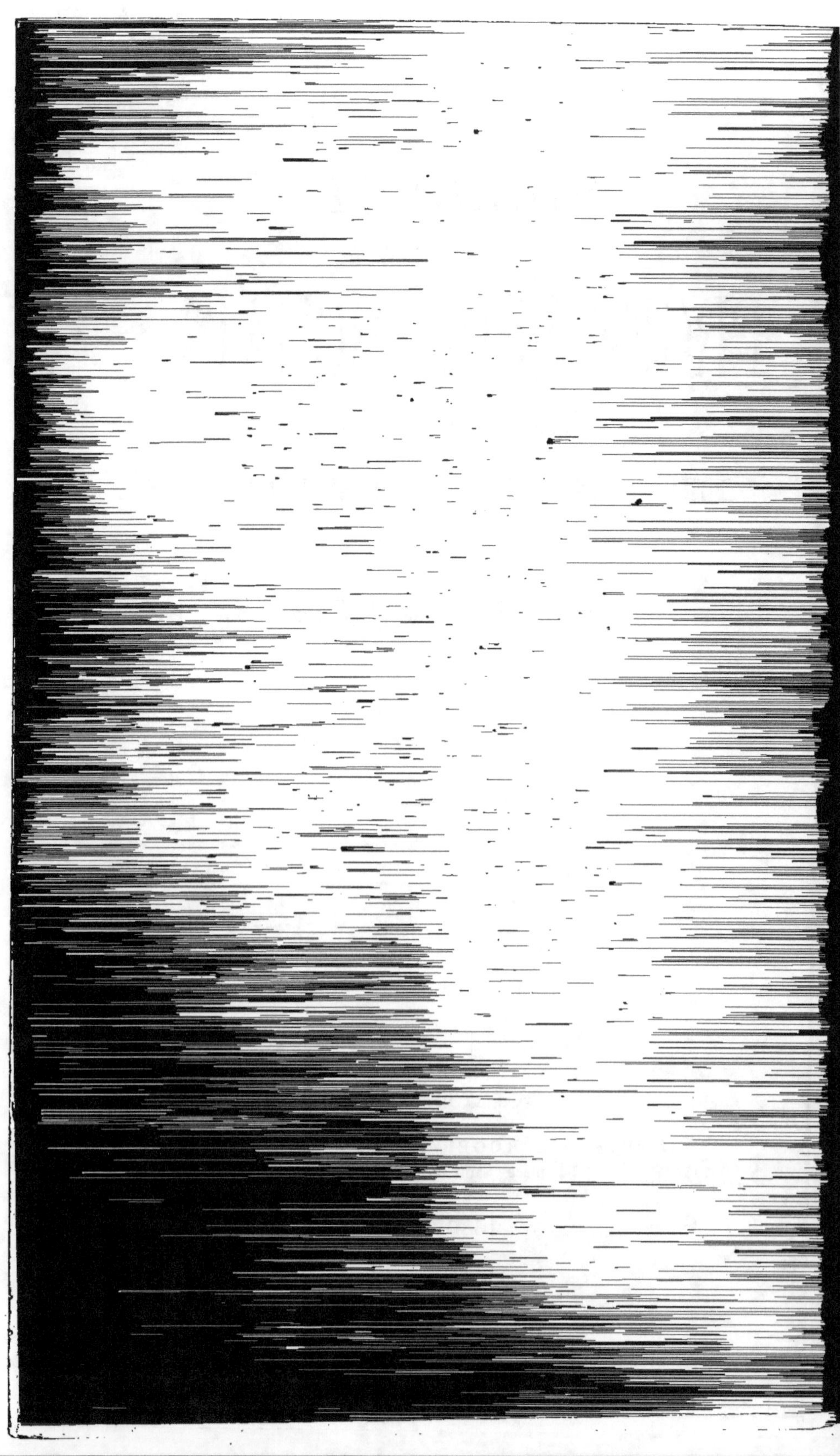

POURQUOI

LE

PROFESSEUR ROUAIS

À REMERCIÉ SES ÉLÈVES

ET N'ACCEPTE PLUS

Ceux qui lui demandent des Leçons de Violon.

Il y a à peine un an que parut mon mémoire justificatif à propos de mon exclusion du Conservatoire de Nimes comme professeur, mémoire approuvé par les uns, blâmé par quelques autres, mais tous s'accordant à reconnaître la vérité et la justesse des faits qui y ont été relatés. Je viens aujourd'hui donner quelques développements qui me paraissent nécessaires pour que le public puisse apprécier, en connaissance de cause, de quel côté se trouvent la justice et l'équité. Je parlerai sans haine et sans parti-pris.

Un moment j'ai cru pouvoir continuer à donner mes leçons de violon et je le désirais, mais un sentiment peut-être exagéré d'artiste froissé m'a enlevé tout mon courage. Néanmoins, je me dois à moi-même d'exprimer ici ma reconnaissance aux personnes bienveillantes qui n'ont pas cessé de m'entourer de leur intérêt.

Je ne voudrais pas abuser de la patience et de l'attention du public, mais je ne puis m'empêcher de relater les circonstances et tous les faits qui ont précédé et motivé mon exclusion du Conservatoire que j'avais contribué à faire naître, que je voyais grandissant et nous promettre des résultats qui auraient dépassé nos espérances si sa direction avait été confiée à des mains plus sages et plus expérimentéeś.

Un mot d'explication. Le 17 juin 1879, un ami vint m'instruire du projet formé en ce moment par M. Pellet, de confier ma classe de violon à M. Comtat, sous prétexte que ce dernier serait musicien au théâtre et premier violon à la musique de chambre. Je me rendis le 24 juillet à Marseille pour m'assurer du fait. La chose était vraie et certaine.

Le 14 août 1879, je reçois à mon grand étonnement la copie d'un rapport de la commission qui m'accuse d'avoir enfreint l'article 12 du règlement du Conservatoire, qui oblige le professeur à faire partie de l'orchestre. J'ai déjà expliqué le motif de ma retraite volontaire de l'orchestre et l'approbation qui y fut donnée par M. Irénée Ginoux, alors adjoint au maire.

Le second grief est celui de classe négligée ; celui-là m'a été le plus sensible, parce qu'il n'était point fondé. Un mot d'explication est ici nécessaire. Je ne voudrais pas faire de personnalités, mais pour faire ressortir l'éclatante lumière de la vérité, je me vois forcé de désigner les noms des personnes. Racontons donc simplement le fait.

De 1877 à 1878, j'ai fait le cours de sixième année et celui de première année. Or, le cours de sixième année était mixte, c'est-à-dire qu'il était composé de deux élèves de sixième année et de deux élèves de quatrième année. Cet arrangement fut convenu et approuvé par M. Pellet. Toutefois, je dus faire une observation qui était juste, c'est que je n'avais pas à me louer de ces élèves qui ne me donnaient aucune satisfaction. M. Pellet ajouta que puisqu'ils ne faisaient aucun effort, ils seraient là pour la musique d'ensemble. Et, parmi ces élèves si peu laborieux, se trouvait le jeune Ménatory, que l'on a bien voulu garder la cinquième et la sixième année, à cause de sa situation intéressante d'orphelin ; malheureusement, il n'a pas plus travaillé la sixième que la cinquième année ; en effet, tantôt trois mois chez un libraire, tantôt dans une maison de confection ; puis, à deux reprises, il se place et se déplace chez un perruquier ; en outre, ayant une fistule à l'œil, il nous donnait pour motif de ses fréquentes absences au Conservatoire, que ses divers patrons ne pouvaient consentir à lui accorder les trois heures de cours par semaine. Au lycée, il existe un séquestre, où l'on enferme les élèves paresseux, et si le séquestre ne produit aucun effet, les élèves sont rendus à leurs parents ; ici, les choses vont tout autrement : si les élèves d'une classe du Conservatoire sont mauvais (*et cela peut arriver*), on renvoie le professeur et l'on continue à garder les mauvais élèves. Bien plus, en dépit du règlement, on a fait faire une huitième année au jeune Ménatory, qui est entré au Conservatoire en 1872. Voilà le règlement qui se trouve violé dans l'article 19, qui est ainsi conçu :

La durée des cours d'instruments est de quatre ans.

Toutefois, les élèves qui auront montré des dispositions exceptionnelles pourront être admis à étudier une cinquième et même une sixième année. Cette faveur ne sera accordée qu'autant qu'elle ne nuira pas à l'instruction des élèves régulièrement admis, qui suivent le cours de quatre ans.

Soyons justes et impartiaux. Voilà un élève qui est

entré aux classes de violon en 1872, et nous sommes en 1880, et a fait par conséquent une cinquième et une sixième années sans résultats ; pourquoi lui fait-on faire une huitième année ? C'est le secret des dieux.

Bien plus, on a délivré un diplôme de quatrième année à un élève de M. Fabrice Delaruelle, le jeune Delort, de Lassalle, qui n'avait fait que sa deuxième année ; et je me souviens, à ce sujet, que M. Pellet, après l'exécution brillante d'un morceau de violon faite par l'élève Delort, qui avait charmé tous les assistants, ajouta, aux applaudissements de tout l'auditoire, que l'élève que l'on venait d'entendre n'avait qu'une année d'étude.

Au 2ᵉ concert, en 1879, cet élève exécuta une fantaisie sur les motifs de *Faust*, toujours à la satisfaction générale. M. Pellet, voulant se débarrasser de cet élève qu'il ne pouvait pas enlever à M. Delaruelle pour le confier à M. Comtat, imagina alors de donner à ce professeur l'élève Ménatory, croyant prouver par là la négligence de M. Rouais ou l'aptitude de M. Comtat. Il est donc fâcheux que par ces combinaisons machiavéliques, le jeune Delort soit arrêté dans son essor par M. Pellet, qui a ainsi compromis l'avenir de ce jeune homme qui donnait de si belles espérances.

En juillet 1878, ordre est donné par M. le Directeur à tous les professeurs du Conservatoire d'avoir à faire connaître les noms des élèves solistes, ainsi que les titres des morceaux, pour la composition du programme du premier concert qui devait avoir lieu dans le foyer du théâtre. Tout autre Directeur mieux avisé que M. Pellet se serait assuré par lui-même des ressources dont les professeurs peuvent disposer ; il se serait ainsi convaincu de l'exactitude et de la réalité des faits. Or, les élèves de ma classe mixte étaient incapables de se faire entendre, malgré quelques malheureux essais ; ainsi, nous avions commencé à mettre à l'étude la symphonie à deux violons sur des motifs du *Pré-aux-Clercs* : force nous a été d'y renoncer. Bien plus, nous sommes restés huit jours pour faire, en réponse avec le deuxième violon, un accord parfait à trois octaves superposées, suivi d'un accord à quatre cordes jeté sur un son harmonique.

Je comprends parfaitement aujourd'hui l'inimitié de M. Pellet à mon égard. Je n'avais pas pu lui servir de marchepied pour qu'il pût obtenir du Conseil municipal la somme de 1200 fr. comme Directeur du Conservatoire, quoiqu'il eût fait la promesse formelle de ne demander aucun honoraire. Néanmoins, le Conseil eut la la bonhomie de lui accorder 200 fr. en plus de son traitement.

En 1878 et 1879, j'étais chargé du cours de première et deuxième année, qui doivent développer et justifier les conditions indispensables pour devenir violoniste. Ces qualités essentielles, tout le monde artistique les connaît : l'organisation, l'adresse, le travail et la lecture musicale. Aucune de ces conditions n'était réalisée par les élèves de cette classe, signalée du reste au Directeur par trois bulletins trimestriels comme classe impossible. La promesse m'avait été faite qu'elle serait renvoyée ; il n'en a pas été ainsi. Si j'avais pu prévoir que la commission n'eût pas dû être instruite de cet état de choses, j'aurais invoqué le règlement qui exige la présence du Directeur aux examens ; et pour corroborer mon assertion sur la nullité de cette classe, il suffit de dire que les élèves Pépin et Servière ont baissé d'un ton dans 16 mesures, et si M. Pellet eût été présent, il ne serait pas resté muet, il aurait reconnu la véracité de mon rapport et je n'aurais pas été accusé à la légère de classe négligée.

Les deux motifs qui ont été mis en avant pour mon renvoi du Conservatoire sont :

1° D'avoir méconnu l'art. 12 du règlement qui exige que tout professeur du Conservatoire fasse partie de l'orchestre du théâtre ;

2° Classe négligée.

J'ai déjà répondu à ce premier motif. Mon absence de l'orchestre du théâtre avait été approuvée par l'autorité municipale, bon juge en pareille matière. J'étais couvert par l'autorisation de M. Irénée Ginoux, premier adjoint, faisant alors fonctions de maire.

Quant au second motif, dont je ne conteste pas la gravité, j'allai trouver au Grau-du-Roi M. Pellet, pour savoir de lui s'il avait inscrit sur son grand livre les trois bulletins trimestriels qui lui faisaient connaître la mauvaise composition et la nullité de ma classe ; il me répondit que tout était en règle, et il me fit une déclaration que je ne trouvai pas suffisamment claire, et une seconde plus explicite me fut remise à ma grande satisfaction.

M. Pellet ajouta : « Si j'avais été là, j'aurais trouvé un joint pour arranger cette affaire. » Il me fit remarquer que M. Félix Martin n'avait pas voulu prendre connaissance des notes et observations contenues dans son grand-livre, et il ajouta que M. le Maire était une flass..., que le dernier qui lui parle, le gagne. Soyez certain, reprit-il, que tant qu'il y aura des protestants dans la commission, tout ira mal. Voulez-vous ma place ? je vous la cède.

Avis me fut donné par plusieurs personnes dignes d'estime que M. Pellet allait écrire à M. le Maire pour détruire l'effet de sa déclaration écrite. Je ne pouvais croire à tant de duplicité. Je revins à Nimes, et voyant que ma position était menacée et compromise, je songeai à me présenter à l'école de musique de Béziers qui était, disait-on, en formation. Un certificat de capacité et de bonne conduite me devenait nécessaire, et les seize membres de la commission le signèrent de bon cœur, je dois le reconnaître. Néanmoins je fis une dernière tentative auprès de M. le Maire, qui était alors à sa campagne de Jonquières ; je lui présentai le certificat de M. Pollot et celui de M. Irénée Ginoux et en même temps celui de la commission. M. le Maire ne put s'empêcher de dire en frappant du pied : « Il faut que la commission donne sa démission. »

Je lui répondis tout simplement qu'il fallait laisser les choses telles qu'elles étaient, que puisque M. Comtat était engagé conditionnellement au théâtre et que ma place de professeur au Conservatoire lui avait été assurée, pour concilier tous les intérêts je lui conseillais de nommer un troisième professeur de violon. Et ce troisième professeur aurait été M. Rouais qui n'aurait rien coûté à la ville, et au moyen de cette combinaison je pouvais continuer à garder ma clientèle, tandis que ma révocation m'enlèverait tout moyen d'existence.

Le bruit courait dans le public que M. le Maire s'opposait à mon renvoi. Le 7 octobre dernier, je reçois enfin une lettre de M. Laurent, premier adjoint, qui me notifie mon remplacement. C'est alors que je pris la résolution de faire paraître un mémoire justificatif. Je cédai au découragement, je renvoyai tous mes élèves et je compris que j'avais été joué et sacrifié. On est allé jusqu'à dire à M. le Maire que les signatures de ces deux certificats étaient des signatures de complaisance.

J'ai tenu à dire simplement les choses telles qu'elles se sont passées. Je crois, après cet exposé, avoir quelque droit à prendre volontairement ma retraite. Je me serais bien gardé de jamais supplanter M. Mouturat, professeur de vocale, ni de faire admettre au prochain cahier des charges que la place de chef d'orchestre. du théâtre devra être réservée au Directeur du conservatoire.

J'étais présent quand au collège M. Pellet a distribué son ouvrage : *Essai sur l'opéra* ; je n'approuvai pas l'un des professeurs quand il lui dit : « Eh ! mon Dieu ! M. Pellet, il y a tant de gens qui calquent aujourd'hui ! »

Quoi qu'il en soit, voici ce qu'a publié dans son journal le Directeur de la *Vigie* :

Extrait du journal du 19 octobre 1879

> Le matin à l'église et le soir il folâtre,
> Il dîne de l'autel et soupe du théâtre.

Si ces vers n'étaient anciens, qui pourrait mieux les inspirer que le personnage dont nous allons encore une fois nous entretenir ?

On le sait, M. le Directeur du Conservatoire a la réputation d'un *habile*, car il ne recule devant rien pour afficher sa supériorité personnelle et amoindrir, sans motif avouable, le mérite de ceux qui ne s'inclinent devant ses *hautes* et *multiples* fonctions.

Pour ces natures mesquines et jalouses, tout ce que leur cerveau n'a pas enfanté est à refaire ; c'est sous l'esprit de ce noble penchant que le **PROFESSEUR DE SOLFÈGE AU LYCÉE** de Nimes a jugé convenable d'instrumenter, **A NOUVEAU**, la *Marseillaise* pour nos Francs-Touristes de Nimes.

Cette *Marseillaise*, exécutée pour la première fois au Théâtre le jour de la Conférence de M. Louis Blanc, a obtenu le *succès qu'elle méritait*.

Un de nos compatriotes avait déjà instrumenté ce chant national ; mais il appartenait à *M. l'Organiste de la*

Cathédrale de Nimes de refaire l'œuvre de **M.** Weinghardt.

Nous comprenons au besoin l'aptitude de M. le **DIRECTEUR DES ÉCOLES DE CHANT** pour ces sortes de compositions ; mais ce que nous ne pouvons admettre, c'est sa manie de publier des ouvrages qui mettent un peu trop en relief les connaissances harmoniques de M. Pellet, 1er **ALTO DU GRAND-THÉATRE ET PROFESSEUR D'HARMONIE AU CONSERVATOIRE** de Nimes, dont il est, répétons-le, également **DIRECTEUR**.

Nos colonnes ne nous permettent pas de relever toutes les fautes grossières dont cette partition est criblée, et que l'auteur intitule, comme pour nous faire rêver.... **SOUS LES PALMIERS.** Nous nous contenterons donc de lui en signaler quelques-unes.

Nous citons au hasard :

1º Dans la partie d'accompagnement, page 15, *mesures* 7 à 8, deux quintes se suivent conjointement, entre les parties intermédiaires et la basse.

Un simple débutant en harmonie le saisirait au passage.

2º Page 16, mesures 2 et 3, deux autres quintes de même espéce, gauchement masquées, et de plus, dans la mesure suivante, une fausse relation d'octave on ne peut mieux réussie ;

3º Nous recommandons particulièrement aux dilettanti, comme modéle du genre, les mesures 4 et 5, et 9 et 10, de la page 110, que nous nous dispensons de commenter, etc., etc., etc....

Quoiqu'un sentiment de commisération nous arrête, nous ne pouvons terminer ce léger aperçu sans nous demander quels peuvent être les résultats obtenus par un professeur d'harmonie de cette force....

Aussi l'engageons-nous à se démettre de ses fonctions, puisque, nous le prouvons, il n'est pas à la hauteur de celles dont il est investi.

D'ailleurs, l'Administration municipale, désireuse de faire de bons élèves, a le droit d'exiger, de la part du maître, des preuves de capacité. Voilà pourquoi nous nous sommes permis de signaler ces légères incartades aux règles élémentaires de l'harmonie, en affirmant à **M. LE DIRECTEUR DU CONSERVATOIRE** que nous pouvons lui en citer d'autres, si tel est son désir......

Ainsi soit-il.

Signé : A. DRAGUIN.

Extrait du journal du 1er novembre 1879.

—

ESSAI SUR L'OPÉRA

Par A. PELLET,

Professeur des Ecoles de chant de la ville et du lycée de Nimes,
Organiste du grand orgue de la Cathédrale,
Professeur d'harmonie au Conservatoire de Nimes
et Directeur dudit.

—

Nous avons fait connaître à nos lecteurs la haute science harmonique de M. Pellet ; nous nous étions bien promis de ne plus nous occuper de ce personnage, mais voilà que, sans le demander, un ouvrage littéraire nous arrive ce matin par la poste.

Œuvre de compilation, M. Pellet n'a pas trop présumé de ses forces, et comme il le dit dans son avant-propos « *on lui tiendra compte de sa bonne volonté.* »

Tudieu ! Monsieur, vous n'y allez point de main morte; auteur et compositeur, cultivant les deux genres avec le même succès.....

Un passage surtout a frappé plus particulièrement nos yeux ; nous le citons en entier :

« Personne, à son époque, n'a eu le talent de se MULTI- PLIER COMME LUI. Il fonda une foule de sociétés de concert. *C'est lui qui était chargé de la partie musicale dans toutes les fêtes de la première République ; on lui doit une grande partie des chants patriotiques que chantaient nos troupes en combattant l'Europe entière.* **CE FUT LUI QUI ARRAN- GEA L'HYMNE DES MARSEILLAIS EN CHŒUR ET A GRAND ORCHESTRE, AVEC UNE HARMONIE REMARQUABLE PAR SON ÉLÉGANCE ET SA VIGUEUR.** »

M. Pellet parle du compositeur Gossec ; mais, entre nous, n'a-t-il pas voulu imiter ce vulgarisateur de la musique ?

Voyons, examinons :

M. Pellet SAIT-IL SE MULTIPLIER ? Était-il DIRECTEUR DE L'ORPHÉON NIMOIS? Est-il PROFESSEUR DES ÉCOLES DE CHANT DE LA VILLE ET DU LYCÉE ? N'a-t-il pas orchestré en *sol* UNE MARSEILLAISE A GRAND EFFET ?

Si oui, voilà bien le sosie de Gossec.

Son ouvrage « *Essai sur l'Opéra* » restera comme un monument littéraire, et lui ouvrira certainement les por- tes de l'Académie du Gard.

Quoique la lecture de cet in-12 de 156 pages en soit un peu soporifique, et que tout le monde n'étant pas disposé à se nourrir d'une telle littérature, nous voudrions bien connaître l'opinion de celui auquel il a été dédié : homme de goût doublé du connaisseur, il nous dirait peut-être que l'amitié d'un grand homme n'est pas toujours un bienfait des dieux.

Enfin, comme toute existence doit être tranchée par le ciseau de la Parque, nous donnons ici par anticipation un projet d'épitaphe que l'on gravera sur le marbre du tombeau :

> Passant, respecte le repos
> De cette pauvre (1) ombre endormie.
> Du chaos, Dieu fit l'harmonie ;
> Plus fort que Dieu dans ses travaux,
> Pellet, de l'harmonie a refait le chaos.
> Passant, respecte son génie ;
> Caressé par la brise et le chant des ramiers,
> Il repose « *Sous les palmiers.* »

Signé : A. DRAGUIN.

Extrait du journal du 23 novembre 1879.

—

ENCORE M. PELLET

Professeur et Directeur du Conservatoire,
Organiste du grand-orgue de la Cathédrale, Auteur,
Compositeur, etc., etc.

—

Malgré notre détermination contraire, nous sommes obligé de reprendre la plume pour avertir M. Pellet qu'étant au courant de certains propos malveillants tenus par lui, nous userons de représailles si, à l'avenir, nous ne sommes assurés de son silence *prudent* à notre égard. Qu'il veuille bien se le tenir pour dit.

Nous profitons de cette occasion pour lui prouver que nous nous occupons toujours avec intérêt de son livre intitulé : *Essai sur l'Opéra.* Ayant déjà suffisamment formulé notre opinion sur la valeur du maëstro comme harmoniste, nous nous bornerons aujourd'hui à ne donner qu'un spécimen sur sa manière de traiter la théorie

(1) Genre Pellet.

musicale au point de vue religieux. Ainsi, en feuilletant son ouvrage, éminemment scientifique et littéraire, on aperçoit, page XIV, bien que n'ayant aucun rapport avec le titre de l'opuscule en question, un tableau figurant les diverses échelles de plain-chant dans lequel, malgré nos efforts, nous n'arrivons à découvrir qu'une absence complète de principes. Nous serions désireux que le savant organiste *du grand orgue de la Cathédrale* voulût bien détruire notre fâcheuse impression en condescendant à éclaircir ce point scientifique qu'un lapsus de sa prose a, par exception, rendu inintelligible.

Au cas où la sagacité habituelle de notre maëstro serait prise en défaut, nous pourrions le tirer d'embarras en lui apprenant que : pour éviter principalement la relation de *triton* dans les 1er, 5e et 6e modes, on est fréquemment obligé d'altérer le *si* par le bémol; mais *qu'il est de règle* que le bémol ne doit jamais être considéré comme *élément constitutif*; et qu'on ne peut, par conséquent, l'employer qu'accidentellement. A ce même point de vue, le bémol que notre habile théoricien ajoute au 2e mode (premier plagal) *se trouve doublement fautif*, la relation de *triton* ne pouvant pas absolument se produire dans l'étendue de son échelle. Donc, les accidents ajoutés au dit tableau sont, sans contredit, le résultat d'une erreur qu'on est étonné de surprendre sous la plume d'un organiste qui depuis si longtemps exerce de telles fonctions. Qui sait si le maëstro n'aurait pas, par mégarde, copié ce tableau dans quelque bouquin ignoré? Du reste, en agissant ainsi, l'auteur ne fait que corroborer le raisonnement exprimé à la page 155 de son ouvrage, où il avoue lui-même *qu'afin d'être juste et impartial*, il se base sur l'opinion d'autrui pour donner *la sienne*. Peut-on être plus naïvement véridique?

Bref, nous ne pouvons que réitérer l'étonnement que

nous fait éprouver l'évidente ignorance de l'artiste que nous avions pu prendre un instant au sérieux.

Décidément, « *rien n'indique la petitesse de l'homme comme la hauteur artificielle qu'il veut se donner.* »

Signé : A. Draguin.

(A continuer s'il y a lieu)

En publiant ce mémoire, je n'ai eu pour but que de faire connaître au public, si bienveillant pour moi, les motifs qui me font renoncer à l'enseignement du violon. Je remercie mes anciens élèves, ainsi que ceux qui me sont offerts journellement. Pendant quarante ans j'ai été professeur de musique, mais je n'ai jamais éprouvé le désagrément d'être chassé d'un salon pour certaines licences non-permises. J'ai pu supporter l'affront qui m'a été fait, de ne plus faire partie du Conservatoire, mais ma conduite a toujours été celle d'un honnête homme. J'ai toujours dit la vérité. Ayant fait mes preuves comme professeur de musique, on ne pouvait pas attaquer ma capacité qui était incontestable aux yeux de mes adversaires ; il a fallu recourir à un tour de Jarnac. Force m'a donc été de recourir à la presse pour pouvoir me défendre. Le public jugera, et je ne crains pas son verdict.

Un mot avant de terminer :

Après trois ans de direction, le 3ᵉ concert organisé par M. Pellet a eu lieu le 1ᵉʳ août 1880 au foyer du théâtre. Je poserai cette question à tous les vrais musiciens qui ont assisté à cette fête musicale : Y a-t-il eu progrès ? Hélas ! non. Il y a, au contraire, décadence complète. Il suffit, pour le constater, que à part la marche Turque de Mozart, qui a été exécutée l'an passé, on n'a pas fait entendre, cette année, une seule ouverture de grand opéra, ainsi qu'on l'avait fait jusqu'à ce jour. A l'époque où un membre de la commission, auquel personne ne contestera l'intelligence et le bon goût musical, dirigeait les concerts enfantins, les résultats étaient bien supérieurs et incontestés, quoique les exécutants fussent les élèves seuls du Conservatoire. Il est vrai qu'à la fin de la séance musicale, il n'adressait pas aux auditeurs un discours patriotique, quoiquo membre de l'Académie du Gard.

Tout le monde a remarqué que cette année aucun membre de la commission n'a voulu se charger du rapport sur l'école de musique. Je n'ai pas ici à en rechercher les causes. M. Pellet s'est dévoué, il en a profité pour demander la création d'une classe de piano et de chant. Il en serait de ces deux classes comme de celles d'harmonie et de solfège, qui seraient nulles sans le concours de M. Arnaud, professeur de mérite. Nous aimons à espérer que la commission et l'autorité municipale se garderont bien d'accueillir une telle demande, qui n'aurait pour but que de gratifier M. Pellet de deux traitements de plus. La loi du cumul s'y oppose. Qui trop embrasse mal étreint, dit un proverbe toujours vrai, et les proverbes sont, dit-on, la sagesse des nations.

PIÈCES JUSTIFICATIVES

—

Monsieur Rouais,

J'ai reçu la lettre que vous m'avez fait l'honneur de m'écrire, à laquelle je m'empresse de répondre.

Je ne fais que rendre hommage à la vérité, en attestant que dans mon passage à la mairie, je fus appelé à mettre fin à un conflit existant alors entre M. Allié, directeur du Théâtre, et vous, comme professeur du Conservatoire de musique.

Le souvenir qui m'est resté de cette affaire, c'est que vous fûtes autorisé à ne pas devenir le pensionnaire de M. Allié, au Théâtre, tout en demeurant professeur au Conservatoire.

Vous me signalez des détails dans lesquels je ne puis entrer, ma mémoire ne les ayant pas retenus.

Veuillez agréer l'assurance de ma parfaite considération.

I. GINOUX,
Ancien adjoint au maire de Nimes.

Nimes, le 24 août 1879.

Je déclare que M. Rouais, professeur au Conservatoire, m'a signalé, par trois bulletins trimestriels, ainsi qu'ils sont enregistrés sur les livres, que sa classe de deuxième année était composée d'élèves dont l'inaptitude n'était nullement secondée par le travail, et qu'à l'exception d'un ou de deux élèves, tous les autres étaient impossibles.

Signé : PELLET.

Grau-du-Roi, 26 août 1879.

Nimes, imp. ROGER et LAPORTE, place Saint-Paul, 5. — 8-88